AF346098

Comment

être athée

Julien Lezare

Comment

être athée

Essai

À mon arrière-grand-mère paternelle

Ce texte ne vise pas à apprendre à mener une bonne vie.

Il ne fait aucune promesse, si ce n'est celle de ne faire aucune promesse.

Je suis parti avec ma question, sans idée précise du chemin, sans savoir si une ou plusieurs destinations étaient concevables.

Marcher au hasard a ses avantages et ses risques, que j'assume.

Ce texte est le travail d'un écrivain.

Personne, naturellement, n'a le temps.

Je ne l'ai pas non plus.

J'abrège.

Courons, tant que nous le pouvons.

Tentative de définition

de l'athéisme

1

On ne peut plus répondre à la question « pourquoi êtes-vous athée ? ».

Ce n'est pas plus pertinent que de demander « pourquoi ne vous cognez-vous pas la tête dans le mur le matin en vous levant ? ».

Demander pourquoi on serait athée semble d'ailleurs plus absurde, puisqu'on a souvent de bonnes raisons de vouloir frapper dans un mur.

À la question « pourquoi », un nombre suffisant de réponses ont été fournies.

On peut envisager de passer à autre chose dans le développement de nos savoirs et architectures sociales.

2

Les réflexions quant aux significations et implications d'une vie athée se sont amplifiées lors des derniers siècles, tandis que la suspicion des humains contre les humains perpétue son envergure atmosphérique.

Beaucoup d'angoisses trouvent leur origine dans le refus ou l'incapacité de se confronter à ces béances.

3

La sortie du phénomène historique religieux apparaît laborieuse, sinon chaotique.

Il existe une douleur athée. Elle semble en partie incoercible (c'est la vie), et en partie imputable à une désorganisation totale.

Cette souffrance ne dérive pas de l'absence de dieu, mais du monde humain.

Elle est souvent minimisée par pudeur, gêne ou politesse.

On lui suggère des solutions expéditives, on la recouvre, on la distrait. Le malaise et la perplexité s'éternisent.

La question qui semble se poser, c'est comment être athée, dans le monde qui nous est donné, dans le temps où nous apparaissons.

4

« Songerait-on à retracer l'histoire de ceux qui ne croient pas aux ovnis ? »
Georges Minois

Une difficulté récurrente contrarie la définition de l'athéisme.

Le terme d'athée est synonyme de non-croyance, de scepticisme, et d'autres acceptions péjoratives.

Le mot se rattache à la religion, alors qu'un athée lui récuse le droit d'exercer une quelconque autorité dans son existence.

On précisera qu'un cornichon n'est pas un sapin qui s'est trompé de forme en grandissant.

La proximité historique est contingente. La rupture métaphysique est totale.

On ne peut rien comparer.

Nous ne sommes pas la face sombre des croyants.

Nous ne sommes pas la face lumineuse des croyants.

Nous ne sommes pas là pour les combattre, tant qu'ils nous laissent tranquilles.

Nous sommes sur Terre un bref instant.

Nous voudrions que cette imminence ait un sens.

Nous devrions conserver le sens de la fraternité.

Nous ne l'avons pas, ou nous l'avons perdu.

Cette définition flottante pourrait convenir comme point de départ.

5

Si vous respirez, vous êtes le descendant de sept mille cinq générations d'Homo sapiens.

La loyauté d'un athée devrait se diriger vers la Terre et l'humanité, surtout lorsque c'est douloureux.

On peut vouloir se détourner des humains, seul le néant s'offre au regard. La misanthropie est un lent suicide, souvent zélateur.

Comme tout prosélyte, un misanthrope sent qu'il aura toujours, quelque part, tort, ou qu'il s'égare.

Il cherchera à se répandre à d'autres cerveaux pour se convaincre lui-même de la légitimité de son existence défaite.

6

La possibilité d'une vie ouvertement athée, apaisée, est récente. La disponibilité de quelques endroits où l'on ne vous menacera pas pour cela date de deux à trois siècles.

La lente fin de ce combat laisse davantage paraître notre nudité.

Tout se passe comme si, en ces lieux, on tentait de définir ce que cette forme d'existence signifie, par quelles manières acceptables on peut la mener, et donner une chance aux suivants d'être mieux préparés que nous l'étions.

Quelque chose en nous tient du cobaye.

Certains l'acceptent, parce que la situation de nos prédécesseurs était largement pire, leur statut étant à peu près celui du soldat en terrain ennemi.

Certains l'acceptent, par goût de l'aventure.

Certains l'acceptent évasivement, sans affronter la question, par habitude de se taire.

Ceux-là patientent sans rien attendre.

7

L'athéisme ne se construira pas en noircissant des centaines de pages de commentaire théologique démontrant les erreurs et absurdités des religions.

Ce travail était nécessaire, il est achevé. Le consensus sur Terre va dans un sens manifeste, si l'on fait abstraction de la prolifération des bruits parasites qui ricochent.

Personne n'a jamais érigé un pont en pérorant sur des ruines.

8

En combattant une vie durant les croyances, et parfois médisances religieuses, un athée s'aménage une prison sans fin ni intérêt.

Un athée laisse supposer la possibilité de mener une existence ayant un peu de sens par l'exemple.

L'exemplarité s'approche d'une forme de singularité discrètement sincère, dédaignant la grandiloquence. Elle n'a rien d'une perfection. Elle ressemble au rire. Elle voudrait alléger, elle exagère parfois, sans plus, spontanément.

Elle sent qu'un humain a besoin d'admirer pour grandir et d'amour pour respirer.

9

Sauf cas marginaux qui ne méritent pas qu'on s'y attarde, les athées croient que les humains existent.

10

Seul un ignare peut affirmer qu'un athée ne croit en rien.

Un athée préfèrera apprendre ou comprendre, même imparfaitement. Il ne considère en général pas pour autant un croyant comme une personne incapable d'apprendre ou de comprendre.

Un athée se contente de demeurer perplexe devant la croyance en l'existence d'une entité divine. Il n'en demande, sincèrement, pas plus. Il ne comprend pas ce phénomène, il ne le méprise pas (sauf si les choses vont manifestement trop loin).

Sa conviction en une absence de dieu lui est soit indifférente, soit une source de soulagement lorsqu'il aura eu assez de livres d'Histoire entre les mains.

Un athée est un Homo sapiens comme les autres, il aspire à une vie qu'il ressentira comme ayant valu la peine d'être endurée, espérant que ses souffrances n'aient pas été inutiles.

S'il lui fallait une seule croyance, ce serait celle qui consiste à estimer qu'il est envisageable d'élargir durablement le spectre lumineux enveloppant l'humanité dans le vide alentour.

11

Un athée n'annonce pas que dieu n'existe pas. Il est incapable de considérer que la probabilité de l'existence d'une entité divine soit une supérieure à zéro.

Il sait qu'il ne peut pas le prouver. Il ne s'en émeut pas.

Il n'est pas agnostique, ce serait une définition euphémique.

Le plus souvent, il n'est pas radical, cela lui paraîtrait imperceptiblement abusif.

Dans l'ensemble, parler de dieu lui semble être une perte de temps.

12

La différence entre un agnostique et un athée est qu'un agnostique attend que 51% de la planète se déclare athée pour s'annoncer athée à son tour.

Pour faire passer le temps, l'agnostique se pique de sagesse quant à son indécision.

13

Un croyant qui affirme qu'un athée n'a rien devant lui est semblable à un alcoolique qualifiant des invités sobres de rabat-joie.

N'importe quelle décennie ayant librement produit arts, philosophie ou sciences, excède en profondeur intellectuelle et promesses les millénaires stationnaires des textes religieux.

Ce n'est pas le néant qui fait face à un athée, c'est un monde qui pose plus de questions qu'il n'édicte de réponses. C'est l'infini.

14

« Si Dieu n'existe pas, alors tout est permis. »
Les frères Karamazov, Dostoïevski.

Faut-il envisager la contraposée, si dieu existe, rien n'est permis ?

Si dieu n'existe pas, d'autres humains nous précédant auront modelé leurs lois, leur morale et leur éthique. Nous les recevons, les amendons, les transmettons à notre tour.

Elles sont imparfaites mais semblent plus séduisantes et motivantes que la soumission à des contes interminables, aléatoirement contradictoires, lumineux, absurdes ou barbares.

La morale, l'éthique, la conscience, la poésie, la connaissance et l'émotion, tout est humain et transmissible, selon l'athée.

Il n'est ni sérieux, ni loyal, de diagnostiquer que tout est permis.

15

Le nihilisme est une lutte, et non un choix.

On ne reproche pas un cancer, soit-il de la conscience, à un malade.

Ce n'est pas un phénomène athée.

Il serait naïf de penser qu'un croyant ne puisse pas être nihiliste. Il sera souvent plus effrayé de se l'avouer.

16

Un Univers sourd à nos souffrances signifie quatre choses.

Nous avons tout de même des oreilles.

Nous avons au moins un point commun avec les autres espèces vivantes, ici ou ailleurs.

Nous sommes légèrement libres.

Nous sommes responsables, individuellement et collectivement, de ce que nous faisons de cette liberté volatile.

17

L'athéisme interprète la suite musicale de la religion.

La vitesse de la dilatation de ses notes est une fonction dont les variables sont la liberté de circulation des connaissances, leur qualité et l'état psychologique humain moyen.

Si on lui laisse assez de temps, l'athéisme s'invitera sans verser de sang, et d'ailleurs sans larmes.

On fera un peu semblant d'oublier le goût de l'Histoire pour ces fluides.

18

L'athéisme pourrait être une recherche assez empirique, étendue sur des milliers d'années, de méthodes visant à protéger les humains de ce qu'ils ont de pire en eux.

19

Il faudrait éviter autant que possible l'atmosphère anti-religieuse, pour aller vers le monde qui vient, et toute chose qui, agréable ou non à entendre, éclaire.

La vocation athée pourrait consister en un élargissement pérenne du spectre de la compréhension et du mouvement.

20

L'athéisme a besoin, pour avancer, de fondations, parmi lesquelles une perception artistique, politique et économique des existences.

S'il manque le sens de l'art, on reste niais et lent.

S'il manque la perspective politique et historique, la parole paraît stérile.

S'il manque le discernement économique, on représente une proie.

L'athéisme serait un goût pour la légèreté, la civilisation et l'indépendance.

En un mot, la nuance.

S'il devait se définir par-delà sa généalogie religieuse, l'athéisme consisterait en l'art de la conscience humaine.

Comment te dire adieu

21

Dieu est un concept

C'est une opinion sur l'origine du monde

Ce concept n'est pas mort mais se fait vieux

22

Dieu est le nom donné par les humains, durant la période néolithique, à ce qu'ils ignorent.

Il remplace progressivement l'animisme, le culte des ancêtres, le totémisme ou divers panthéismes.

Il est érigé en dogme par des individus qui aiment sermonner et enrégimenter.

23

« Ceux qui nient l'existence d'une puissance divine ne doivent être tolérés en aucune façon. »
John Locke, *Lettre sur la tolérance*, 1689

Cet essai de Locke représente, pris dans son ensemble, un progrès par rapport aux mœurs de son époque.

24

Toute action réalisée au nom d'un dieu est réalisable au nom de la vie, de l'humanité, de l'univers, ou d'un poireau.

25

On ne peut pas prouver que quelque chose n'existe pas. Cela ne revient ni à démontrer, ni à laisser supposer, que cette chose existe.

Un enfant prétend communiquer avec son chien par télépathie.

Il s'énerve un peu si on doute de la véracité de son assertion.

On ne peut pas lui prouver que ce qu'il dit est faux.

On ne peut pas parler d'opinions également recevables.

On pourra objecter que cette analogie est simpliste.

Il n'en reste pas moins que sur certains sujets, l'évolution des connaissances permet de déterminer une préférence probabiliste ferme.

26

Thèse :

« Si dieu n'existe pas, qui a créé l'Univers ? »

Anti-thèse :

« Si dieu existe, qui a créé dieu ? »

Synthèse :

« Que tout le monde passe une bonne journée. »

27

Dieu peut être le nom donné par certains à leur pudeur, pour ne pas dire leur amour, ou volonté d'amour, pour le monde et l'humanité.

Pour d'autres, il sera l'hypocrisie qui leur permettra de dissimuler allègrement leurs malveillances.

Il y a des territoires, on peut les nommer cœur ou raison, où certains athées et croyants sont plus proches qu'ils ne semblent parfois le penser.

28

Les humains peuvent croire en dieu pour dix raisons au moins, lesquelles ne s'excluent pas mutuellement :

1) On ne leur laisse pas le choix. L'emprisonnement ou la mort constituent les seules alternatives.

2) Ils vivent à une époque ou à un endroit sans aucune autre interprétation du monde disponible. Un apostat risque tout au plus l'exclusion sociale, un peu comme un clochard dans une société de consommation. Pour la majorité, l'exclusion est ce qu'il y a de plus douloureux.

3) Il est agréable d'avoir une explication exhaustive et limpide de la réalité inquiétante qui bouge autour de nous. De plus, certains se montrent hostiles, si ce n'est sanguinaires, face au principe de curiosité.

4) Il est émouvant de croire que quelqu'un vous a créé, vous aime, vous et tous les êtres.

5) On peut ressentir un sentiment de fraternité authentique au sein d'une communauté religieuse, situation qu'on ne retrouve parfois dans aucune autre sphère de la société.

6) Le paradis est l'idée la plus géniale qu'un service de marketing ait élaborée. L'immortalité vendue par le transhumanisme n'atteint pas le même niveau d'adhésion ou de ferveur pour l'instant.

7) Le monde, à un moment donné, est plus ignoble et dangereux qu'à son habitude. La religion et le lieu de culte en particulier fournissent un rare refuge de paix, de manière physiquement sensible.

8) Cela semble à certains croyants une façon pertinente de passer le temps par rapport aux autres possibilités qui lui sont *librement* disponibles.

9) Ils naissent au sein d'un milieu culturel et maintiennent un lien modéré ou faible envers la coutume religieuse. Ils connaissent peu les dogmes ou l'histoire de leur religion, et en suivent évasivement un ou deux événements par an. Ils sont athées mais font semblant de ne pas l'avoir remarqué.

10) Leur mauvaise foi ou les limites de leur intelligence emportent tout sur leur passage. Il leur est plus difficile de reconnaître s'être trompés que de continuer à défendre, parfois avec véhémence, une histoire en laquelle ils ne croient en vérité plus.

Plutôt que de ricaner, il faudrait réfléchir à ce que ces hypothèses révèlent sur les aspirations humaines, qu'on les estime appropriées ou non.

29

La peur d'une mort définitive et la tentation grégaire constituent, au fond, deux motifs majeurs pouvant expliquer le goût immodéré des humains pour les croyances, religieuses ou non.

Le paradis et l'immortalité de ce qu'on désigne par « âme » sont invraisemblables, mais impossibles à réfuter.

Mourir est parfois insupportable à concevoir.

Ce qu'il y a à ajouter est probablement que mentir ne va rien améliorer. C'est une perte de temps évitable, surtout lorsque ce temps s'étire sur une vie entière.

30

« C'est l'homme qui fait la religion, ce n'est pas la religion qui fait l'homme. »
Karl Marx

Dans un monde conceptuel, on peut tout envisager, notamment que la religion ne fait pas l'homme.

Dans le monde charnel, le phénomène de croyance, quel qu'en soit le domaine, a pour effet de rendre poreuse la frontière entre théorie et réalité.

L'homme fait la religion, laquelle fabrique un petit bout de l'homme suivant, lequel resculpte un peu la religion, dans une spirale temporelle qui paraît interminable.

Si la religion est contournable, les humains s'en déferont et construiront, idéalement, un récit plus fécond, offrant moins de latitude aux dynamiques oppressives.

31

La méfiance et la surveillance envers les formes agressives que peut revêtir une organisation religieuse constituent une obligation morale, qu'on soit croyant ou athée.

Un certain détachement envers les formes pacifiques de religion représente l'attitude la plus équilibrée à adopter.
Le respect paraîtrait un peu hors-sujet ou cabotin.

Le mépris, la condescendance ou la haine sont une perte de temps puérile et contre-productive.

Ce sont parfois des signes de jalousie. La naïveté des croyants peut engendrer l'envie des non-croyants, surtout si ceux-ci vivent intranquilles.

De manière symétrique, la décontraction éventuellement sincère de certains athées peut angoisser les faux dévots en pleine crise existentielle.

L'esprit de modération renforce l'athée comme le non-athée (puisqu'on parle de non-croyant, on renversera la situation, à l'improviste).

32

Il est possible de respecter quelqu'un sans avoir à respecter ses croyances.

Le sacré est une opinion, que d'autres tiendront pour un fantasme. On ne peut pas exiger d'une opinion conceptuelle qu'elle soit admise comme une vérité sanctifiée.

Pour le maintien d'une paix civile minimale, tout fait sociologique devrait pouvoir être étudié tranquillement.

La frontière entre la susceptibilité des uns et l'espièglerie des autres navigue entre subjectivités, laissant cette question ouverte et incertaine.

Il semble que trop souvent, on jette son énergie dans la mauvaise foi ou la folie victimaire.

La manière dont on traite les autres est le meilleur indicateur de notre état mental.

33

Les ricochets de la religion ressemblent à une nostalgie de la croyance.

La peur de l'inconnu voudrait maintenir un statu quo, manifestement anachronique, faisant semblant en public et en particulier sur Internet, d'être persuadée que cela est possible.

Son insolence nostalgique se surinfecte fréquemment, comme si le monde n'avait rien de mieux à faire que de gérer ses désordres psychologiques.

34

La nostalgie du monde d'avant s'appuie sur l'image superficielle, sinon erronée, de simplicité qui en est souvent faite.

On peut repenser à l'école maternelle avec émotion. Les enfants sont naïfs, le monde est évident.

Comment peut-on manquer à ce point d'ambition pour oser affirmer qu'on regrette cette situation ?

35

La résurgence du religieux intègre un ensemble de réactions instinctives de rejet du système de toxicomanie institutionnalisé qu'est en partie devenu le capitalisme.

Plutôt qu'une laideur irréfutable et métaphysiquement inutile, les néo-religieux toléreront mieux, peut-être pour un temps, un mensonge infantilisant, au sein d'une communauté qui, au moins, sera quelquefois chaleureuse.

C'est la peur qui parle, et non la sincérité religieuse.

36

Devant la nostalgie qui semble tenter un peu trop d'individus, il faudra transmettre l'information selon laquelle une religion se transforme invariablement en organisation politique appréciant la capacité à étouffer la parole, à interdire, emprisonner, brûler des livres ou humains qui ne lui conviennent pas, pendant des siècles.

La religion monothéiste a démontré une tendance à enfermer hâtivement le monde entre des murs de feu.

Ce n'est pas un système social ambitieux.

Il reste des pays où les athées sont inquiétés pour le fait de ne pas croire en dieu.

Presque partout, on leur fait le procès d'être immoraux.

37

La mise à distance des tendances écrasantes que ne se lassent pas de prendre les organisations religieuses n'est durable que dans un cadre de liberté politique clairement constituée et de courage élastique.

38

La complication principale, lorsque la proportion de fanatiques s'élève au sein d'un courant religieux, tient en ce qu'en guise d'argument, cette cohorte recourt à une violence ascendante qui ambitionne de devenir universellement contraignante.

Ses agressions peuvent devenir verbales, physiques ou assassines. Il se forme parmi les humains une zone molle qui confond peur et tolérance. La compromission intellectuelle engage des conséquences réelles.

Laisser son esprit se faire dompter est une déloyauté contre le sens de la lumière.

39

Une élite religieuse qui pousse au crime parce qu'elle croit, à tort ou à raison, qu'on se moque d'elle ou de son dieu, a de tout temps tenu de l'unique registre psychotique.

40

Les exagérations résonnent en échos sur plusieurs siècles.

Il arrive qu'on oublie le rapport silencieux, sain, modéré qu'ont entretenu des millions d'individus avec la notion de dieu.

Il semble que beaucoup d'athées restent sourds face à cette réalité musicale.

Si on résumait l'histoire humaine, on serait fou de n'évoquer que les guerres.

Aucune organisation n'imprime sa folie au point d'oblitérer intégralement le genre humain.

Ce n'est ni avec la caricature ni avec la virulence que l'athéisme entrera dans l'âge adulte.

41

La détente ressentie par certains durant l'acte de la prière procède du calme et de la concentration sur ce qui semble compter dans leur vie.

L'hypothèse d'un bienfait méditatif paraît plus vraisemblable que celle d'un dieu qui entend simultanément ce qui passe en silence dans les consciences de milliards d'individus, et les soulage selon son envie.

Prétendre que c'est précisément la possibilité de ressentir cette détente qui est « dieu », est un jeu de l'esprit éculé, trahissant le peu de barrières qu'il reste avant l'admission d'un athéisme de fait.

42

L'erreur récurrente dans le processus religieux pourrait se fonder sur deux origines.

La première consiste en la malléabilité des communautés humaines, rendant les individus exagérément influençables.

On empire la situation lorsqu'on les déshydrate intellectuellement.

La seconde repose sur le goût pour le prêche et la domination psycho-ontologique de certains humains, qu'on pourra qualifier de beaux parleurs. On en trouve des sincères, d'autres plus désinvoltes, certains enfin sont des coureurs de cerveaux.

En moyenne, il s'agit de comédiens, au talent variable, qui tombent amoureux de l'image qu'ils renvoient.

De ces flux, laissés à eux-mêmes, se dessine une structure progressivement féodale.

43

L'auto-dérision étant un élément marquant de l'intelligence, on ne peut pas affirmer que, dans son histoire, la religion en ait fait un usage immodéré.

44

« Pourquoi y a-t-il quelque chose plutôt que rien ? »

Leibniz (1714)

Cette interrogation nous est parvenue entière. Elle semble se dilater avec les siècles qui passent sans réponse définitive.

Nous avons répondu à des milliards de questions telles que « pourquoi cet objet est vert ? »

En réfléchissant la lumière, l'objet absorbe certaines longueurs d'ondes et pas d'autres.

C'est une découverte remarquable. Il a fallu quatre milliards d'années de vie sur Terre pour qu'une seule espèce parvienne à comprendre et démontrer ce phénomène.

La question de la présence de cet objet, ou de n'importe quel ensemble de particules, plutôt que de leur absence, demeure en l'état de nos connaissances sans explication.

La physique quantique laisserait entendre que du néant peut surgir quelque chose, mais nous concevons très mal cette situation.

Cela ne révèle pas dieu.

Ce n'est a priori un argument pour rien, pas même pour le hasard.

C'est un mystère qu'on constate, dont on s'étonne, et c'est tout ce qu'on peut en dire.

C'est éventuellement une question absurde.

Dès lors que surgit une interrogation, trop d'humains semblent incapables de demeurer sans réponse, peu importe qu'elle soit expéditive ou médiocre.

Une question en suspens est une question en suspens.

45

Descartes avançait que s'il avait l'idée de dieu, c'était parce que dieu lui avait mis l'idée en tête.

Cela lui permettait de convenir que dieu était réel.

Un enfant de cinq ans édifie des raisonnements semblables au sujet du Père Noël. Il a l'excuse de l'avoir croisé quelque part.

Le problème n'est pas que Descartes ait articulé cette démonstration déficiente, mais qu'on puisse évasivement l'invoquer quatre siècles plus tard, sinon la bombarder comme un argument d'autorité, comme si l'auto-sacrement de sa propre foi ou la déclaration de sa propre moralité permettaient de clore tout débat.

C'est le déraisonnement qui les résume tous. La foi et la croyance ne prouvent rien d'autre que la foi et la croyance.

Si on acceptait ce genre d'hypothèse, on devrait admettre comme justes et indiscutables toutes les hypothèses, même lorsqu'elles sont contradictoires.

On rappellera que les œuvres métaphysiques de Descartes avaient été inscrites à l'Index en 1663 (treize ans après sa mort).

La lutte contre tout risque d'amplification de l'indépendance intellectuelle est un phénomène clérical habituel.

46

La théorie du Big Bang est globalement agaçante. On voudrait qu'elle explique. Elle suppose. Elle hésite. Elle tire sur la super-corde. Elle nécessite des hypothèses en partie invérifiables. Elle évolue.

Il n'y a probablement pas eu de Big Bang, tel qu'on l'a longtemps entendu.

Une question ouverte n'est ni un argument en faveur de la présence d'un dieu, ni une équivalence des probabilités.

C'est un point d'interrogation récalcitrant, universel, intemporel, rien d'autre.

47

Si on veut se renseigner sur ce que nous savons de plus probable sur la vie humaine la plus lointaine, il existe des centaines de milliers de livres qui n'ont pas été mis au feu au cours des derniers siècles, surtout lors des deux derniers.

Les organisations démocratiques et laïques ont notamment l'avantage de moins menacer les individus pour les faire changer d'idée. Elles n'ont pas été irréprochables, mais se sont montrées significativement plus encourageantes.

48

24 novembre 1859 : publication de *L'Origine des espèces*, par Charles Darwin.

22 octobre 1996 : le pape Jean-Paul II admet que l'évolution est « plus qu'une hypothèse ». Pour éviter la faillite de l'entreprise qu'il dirige, il ajoute que l'âme humaine est l'œuvre de dieu.

Cent-trente-sept années, ce n'est pas très long. C'est un progrès par rapport à Galilée (trois-cent-soixante ans).

Darwin n'a pas été menacé d'être réduit en cendres, ni condamné à la prison à vie.

Il n'a pas eu à abjurer sa théorie.

Le Vatican aura la gentillesse tardive, probablement un peu diplomatique, d'ériger une statue à Galilée.

49

Les qualités et défauts humains, peu importe ce qu'on définit derrière ces termes, préexistent à la religion.

Celle-ci ressemble à un produit dispensable de la crédulité et de l'ignorance venues à nous d'anciens mondes où l'on expliquait plus mal les choses qu'aujourd'hui.

La crédulité et l'ignorance apparaissent aux athées comme des défaillances intellectuelles et culturelles partiellement corrigibles. Il en résulte parfois une incompréhension. Ce genre de position est considéré par les croyants comme une agression ou une injure. Elle n'est ni l'une ni l'autre.

Elle est plutôt sincère et bienveillante.

Elle devrait l'être.

50

Quand le soleil explosera dans cinq milliards d'années, cela se fera-t-il selon les lois de la physique ou selon la volonté d'un dieu ?

Dans ce cas, que lui est-il passé par la tête ?

Quel intérêt présente un dessein intelligent qui aspire à réduire en poussière cette superbe planète ?

Des explications eschatologiques foncièrement incompréhensibles sous un apparat de mystère et de poésie sentimentaliste ont déjà été avancées.

Il y en a toujours qui surgissent quelque part.

Le principe de paradis offre une réponse à tout. On référera au mystère impénétrable d'une entité incertaine dont on dit ignorer les motivations tout en assénant que tout est sous contrôle.

51

La théologie est une discipline qui étudie par inadvertance l'histoire de l'inépuisable crédulité humaine.

52

La religion semble constituer un passage nécessaire de l'évolution de notre espèce.

Le besoin d'expliquer le monde a longtemps dû se contenter de connaissances bancales, du moins par rapport à celles dont nous disposons à notre tour.

Il suffit de constater à quel point nous sommes perdus et frigorifiés en ce début de siècle, pour ressentir un peu d'empathie pour l'éternité des croyants.

Il n'en reste pas moins que l'utilisation des ressources physiques et mentales qu'entraîne la religion devient irrationnelle face à l'accélération de notre compréhension des choses, si maigre soit-elle, et des difficultés qui s'annoncent.

53

C'est par son incapacité intrinsèque à gouverner la critique à temps que tout courant religieux se condamne à régresser.

La religion fait la course derrière la science depuis deux-cents ans.

La peur a changé de camp. Ce n'est pas une raison pour en abuser, ni d'ailleurs en user.

54

« Nobody expects the Spanish Inquisition »
Monty Python

Girolamo Cardano est un médecin et mathématicien italien du XVIe siècle, amateur d'astrologie.

Il décide de tirer l'horoscope de Jésus. En 1570, âgé de soixante-neuf ans, il est dénoncé par son fils.

Emprisonné sur ordre de l'Inquisition, Cardano est condamné à payer mille-huit-cents écus, à cause de cet horoscope posthume de mille-cinq-cents ans.

Il mourra cinq ans plus tard, ruiné.

Il n'y a aucune phrase, sinon la moitié de la première, qui ait ici le moindre sens.

55

On trouve des exemples d'athéisme en Inde, il y a quatre-mille-cinq-cents ans.

C'est la position métaphysique la plus ancienne ayant perduré au sein de l'humanité.

L'atomisme est apparu cinq-cents ans avant le christianisme. Sa vision des choses était prometteuse.

Il est dommage que les religions dites révélées aient à ce point sclérosé l'évolution des connaissances.

Il s'agit d'une centaine de générations de femmes et d'hommes sur deux millénaires environ.

56

La religion n'a pas été un vecteur d'expansion des arts, mais une administration policière.

57

La réplication de la foi religieuse sur les siècles trouve moins son origine dans la peur de dieu que dans la peur des humains.

Dieu survit par la terreur que l'humanité fait peser sur elle-même. Notre athéisme est une sortie d'une double contrainte illégitime.

58

42

L'idée de dieu existe.

C'est le nom donné à une soumission envers des millénaires de foi humaine.

La religion est une coutume qui se prétend vérité.

Il est toutefois insincère d'estimer qu'elle s'est trompée sur tout. On ne peut pas exister depuis le Néolithique et n'élaborer que des idioties.

En fin de cycle, il semble qu'une religion s'évanouit plutôt qu'elle ne s'écroule.

C'est un récit.

Un récit se remplace.

Les remplaçants ratés

59

Le développement personnel connaît un progrès fulgurant depuis la seconde moitié du vingtième siècle. Il prescrit des coulées perpétuelles de conseils de vie. C'est un nid à gourous. La franchise et la profondeur semblent très inégales.

L'illusion de mouvement et le conciliabule vaporeux font office d'aventure intellectuelle.

Même lorsqu'il est le plus souvent sincère dans ses ambitions émancipatrices, on aboutit plutôt à un développement impersonnel.

C'est du clonage psychothérapeutique.

C'est un peu dommage.

Ce qu'il faut voir, c'est le malheur des humains. Ils demandent de l'aide.

60

Le développement personnel apparaît comme une tentative populaire qui mime certains procédés religieux, s'inspirant plus ou moins finement de la recherche en psychologie. C'est l'enfant entreprenant et séducteur de la famille.

Il privilégie un panthéisme amphigourique. On ne dit plus *Alléluia* mais *ici et maintenant*. On apparaît, un peu laborieusement, sympathique.

Il a tendance à recréer un clergé de manière chaotique, plus inoffensif qu'une organisation cléricale, dont la hiérarchie et les objectifs finissent en général par être définis internationalement.

Il continue à soutenir qu'on peut vivre heureux.

Il en résulte des niveaux aléatoires de soulagement, de culpabilité et de névroses, chose que fait déjà la religion avec talent.

61

Le danger, du moins en Occident, en Chine ou bien au Japon, ne tient plus tant en l'enfouissement sous les poussières des religions que dans la misère culturelle. Elle en manifeste les mêmes aspects : accessible, monomane, épidémique.

62

Notre économie est brutale. Comme la nature, elle a horreur du vide. Elle lui livre, aveuglément, un combat, comme pour la soumettre.

Elle envahit tout de sa publicité, emploie des moyens paramilitaires, se montre disposée à vampiriser les enfants dès le premier jour.

Toute forme d'imbécilité quasi incurable et de risque qu'elle fait peser sur ce qui vit ne l'émeut pas.

Elle méconnaît l'émotion, elle la singe.

C'est un système mathématique qui ne s'intéresse au bien-être qu'en cas de contingence. Il rusera, s'il le faut, et c'est tout.

C'est émotionnellement inhospitalier. On lui pardonne tout, puisqu'il s'est révélé plutôt efficace quant à notre niveau de vie.

Le monde paraît tel un bruit parasite aléatoire.

Il développe l'alexithymie de la rationalité économique seigneuriale.

Il se hait parce qu'il se ment.

63

Notre système est parvenu à nous convaincre que nous sommes individualistes et obsédés par des objets plus ou moins insignifiants.

Le suivisme et la prophétie auto-réalisatrice se sont révélés d'une efficacité consternante.

64

Le marketing a accouché d'un ogre qui engloutit tout, jusqu'à la sémantique.

Le narcissisme fait office d'intimité, et d'ailleurs d'altérité.

La misère ronge les possibilités d'expression. Les mots sont pillés, la trahison difficilement nommable.

L'exagération et les positions extrêmes explosent sans but. La méfiance métastase. Le brouillard se promène.

Notre époque prouve, elle aussi, que la tempérance est la seule forme de résistance et de marginalité.

65

Le marketing pourrait être envisagé comme une religion disruptive.

Il partage la même anxiété refoulée n'importe comment de disparaître, à laquelle il répond avec la même aberration conceptuelle usuelle.

Il a un rapport extrêmement souple avec le scrupule.

Sa vision du monde est ordinairement binaire.

Son imposture est difficilement compatible avec sa fréquentabilité à long terme.

Il est frappé de ridicule dans sa définition même.

66

Contrairement aux illusions d'une société religieuse modérée, les mensonges d'une société consumériste et narcissiste sont immédiatement contredits.

Dans les cas les plus préoccupants, la psychose est introduite au stade pré-verbal.

Son détraquage des valeurs finit par tourner en dérision l'idée de noblesse d'esprit. Elle imagine d'ailleurs que c'est cela le mensonge.

67

Le capitalisme a démontré empiriquement, et jusqu'à preuve du contraire, qu'il organisait plus efficacement les talents que les autres systèmes.

Il a besoin à ce stade de son existence d'inventer les Alcooliques Anonymes du Capital. Les consommateurs pourront l'y emmener.

Rien ne lui imposera sinon de cesser de dériver en entreprise d'écœurement.

68

La férocité qui a accompagné le développement de la société industrielle et technologique s'est traduite en un amincissement de la capacité à l'interconnexion amicale.

On ne se livre pas, ou avec une superficialité sale. La méfiance est habituelle.

On peut penser que beaucoup de riches sont désœuvrés et sentent qu'ils ne font pas grand-chose.

Ils paient pour s'en distraire, ils paient pour montrer à d'autres qu'ils paient, et se distraire encore de la distraction de ceux qui les observent avec envie.

Quelque chose dans l'ambiance est extraordinairement débile. Les cerveaux le vivent, le taisent souvent.

La mort qui arrive au loin, dans de telles circonstances, est un calvaire constant.

Un monde a été créé où la dépression est le signe d'une conscience lucide.

69

La maximalisation des profits, sans autre considération authentique, engendre la mise en commun des moyens de production de la tristesse.

70

La preuve a été fournie un peu par hasard : une proportion importante d'humains se montre incapable de prendre sérieusement en considération l'idée selon laquelle l'espèce peut disparaître.

Ils semblent estimer qu'ils seront de toute manière morts, que leur responsabilité sera minime et diluée au milieu de milliards d'autres coupables, et que personne ne sera plus là pour les critiquer.

Le cerveau humain se montre décevant pour gérer les probabilités sur des périodes qu'on peut à peine qualifier de longues, c'est-à-dire quelques années.

Cent ou trois-cents années représentent le plus souvent une abstraction totale. La civilisation reste chétive dans sa capacité à corriger la lâcheté et la myopie. Avec du courage, on construira, souvent seul ou à quelques-uns, une paire de lunettes astronomique qui aura les imperfections de l'autodidaxie.

C'est ça ou la démence.

71

Un adulte réfléchit, transmet, trouve quelque chose de plus grand que soi à quoi se dévouer et s'y tient.

Il espère dessiner sa vie pour que sa mort se rapproche avec un léger souffle de douceur.

Le confort et le progrès technique sont inestimables. Ils ne constituent ni un horizon plénipotentiaire, ni la structure d'un récit.

72

L'argent est un langage.

Sa circulation parle.

Elle façonne mathématiquement une architecture éthique du monde humain ; le cas échéant, elle en laisse éclater l'absence.

Il faut inverser le proverbe : l'argent, c'est du temps.

Une éducation financière minimale devrait être enseignée, dans un cadre d'auto-défense.

73

Ce sont les organisations dysfonctionnelles qu'il faut tenir en aversion, et ce à quoi un pouvoir féodal, politique, financier ou religieux, peut parfois s'employer pour maintenir son emprise toxique.

Il faudrait éviter de mépriser exagérément les humains, ils n'avaient souvent aucune ou peu de chances de respirer hors d'un terrier obscur.

74

Une organisation de la vie humaine à grande échelle, se révélant suffisamment saine, n'a semble-t-il jamais été constituée. Si on se veut optimiste, on dira qu'elle paraît lointaine.

On ignore si cette ambition est réaliste, il ne devrait pas y en avoir d'autre. Si c'est une utopie, nous ne le saurons jamais.

Ricaner à tout propos ne suffira pas à oublier l'ampleur du travail, ni à se constituer une vie durant sa propre amnistie.

75

Nous confondons, consciemment ou inconsciemment, les notions de progrès et d'économie, puis celles d'économie et de consommation, et enfin celles de consommation et d'addiction.

La prise de conscience, relative, se répand. Elle est vaguement encourageante.

On ignore où cela mène. Il est difficile de s'arracher à la débilité et à l'agressivité protéiformes qui rôdent dans les espaces publics et privés. Ce n'est pas tout le temps entièrement impossible.

Le nihilisme ne résulte pas de l'absence de dieu, il vient de ce que notre assemblée enfante de la laideur pitoyable et glaciale.

Il n'est pas interdit de désirer s'en échapper. Il faut essayer d'être des traces vivantes pour ceux qui suivent, comme d'autres l'ont été pour nous.

76

Dans un cadre de sur-stimulation dispensable et permanente, d'auto-intoxication rendue possible par une hausse spectaculaire du temps libre, de sources de distraction médiocres et quasiment gratuites, c'est dans sa capacité à s'esquiver, et les choix de l'emploi de son temps, qu'un humain peut espérer continuer à respirer, et ne pas avoir l'impression d'être ou de devenir lamentablement fou.

On peut essayer de localiser ce qui étouffe et chérir ce qui oxygène.

Ce n'est pas important si un vertige nous indique, de manière certes assez insupportable, que cela ne mène à rien.

On ne peut jamais être complètement assuré d'un futur échec.

77

Les théories portant à créer un homme nouveau ont été démolies empiriquement. Il n'y aura pas de nouvel humain avant des centaines de milliers d'années. Il peut y avoir des choses synthétiques.

Ce que nous sommes en mesure de concevoir tient en l'organisation collective du spectre des trajectoires individuelles, avec le moins de naïveté, d'hypocrisie et de dureté possible.

78

Le transhumanisme présente un aspect para-religieux. Il a ses prophètes et ses fidèles paraissant plus ou moins aliénés dans leur genre à eux. Il semble nostalgique de l'idée de paradis, il salive face aux promesses de vie éternelle et d'absence de douleur physique ou morale.

Il prétend posséder la révélation du sens de l'Histoire. Il aime diffuser un discours eschatologique.

Il attend la bascule vers la Singularité comme d'autres espèrent le retour sur Terre de Jésus.

Il déteste ce qui est humain, méprise le corps, s'agenouille assez béatement devant la technologie.

C'est un positivisme qui a réussi à exagérer un peu plus.

On peut se demander pourquoi le terme d'humanisme a été conservé pour le définir.

Il annonce un monde qui ne transmet rien à ses enfants, le transhumaniste n'en veut globalement plus. Sa promesse est un cimetière à l'envers.

79

Le bonheur est un concept qui sert principalement à vendre des biens et des services à des gens qui le croient atteignable.

S'il pouvait chimiquement exister, il constituerait une situation trop coûteuse énergiquement et peu logique sur le plan de l'évolution.

Il est donc simulé, ce qui ne sert à rien sinon aggraver le décalage entre l'injonction publicitaire au bonheur et l'irritation qui envenime la victime assez consentante.

Le bonheur n'est pas essentiel.

Il existe des moments de soulagement, de rire, de sourire, de calme ou d'euphorie.

Un élargissement du spectre cognitif et une forme de gouvernement modéré de la tranquillité peuvent être considérés comme praticables.

Rencontrer régulièrement l'opportunité d'asseoir une impression d'authenticité serait déjà une excellente nouvelle.

L'authenticité n'est pas liée à un phénomène hormonal passager, mais à une alternance raisonnée de tension et de détente intellectuelle, dirigée vers un ou plusieurs objectifs précis, qui nous soutiennent.

80

Internet offre un terrain de jeu inédit et sans fin aux imposteurs.

Peu leur importe la destruction que leur inconséquence propagera. Ils ne la voient pas, ils ne se voient qu'eux.

Des néants se répondent et se répandent.

La trop grande surface de pénétration des mystificateurs démontre principalement la fragilité des cerveaux, aggravée par la vitesse de flux médiocres. Le résultat est une déréalisation massive, contagieuse, perverse.

C'est une toxicomanie socialement acceptée, dont la puanteur, difficile à éviter, s'incruste.

Il n'y a pas d'autre solution que d'accroître son intelligence face aux tremblements du monde plus rapidement que les imbéciles étendent leur étrange pédanterie.

81

L'habileté à la prise et à la digestion d'informations constituent les marqueurs de l'accélération technologique.

Si la question financière existe, elle ne se superpose pas avec celle de la misère culturelle.

Il n'existe pas d'enfant qui déclare : « plus tard, je rêve d'être camé ».

L'hygiène intellectuelle est vitale.

82

Destituez le client roi qui règne en vous. Il a été institué sous la contrainte.

83

La quête désespérée de bonheur s'explique par l'engorgement d'une tristesse inutile qui en conçoit mal ou refuse d'en affronter les causes.

On peut penser à un reliquat religieux du concept de paradis recyclé commercialement, sur Terre.

Le bonheur est introuvable, on s'épuise, on culpabilise, on se lasse, on devient silencieusement ou bruyamment fou.

Les mondes démocratiques ont trop trahi les résultats qu'ils laissaient espérer. Ils sont exagérément mercantiles.

L'échec ne procède pas d'une conception intrinsèque bancale, mais d'une naïveté et d'une impréparation face au détournement massif des cerveaux opéré par des superprédateurs économiques.

La démocratie devrait éduquer des citoyens utiles au monde, elle défèque en excès des consommateurs psychorigides.

84

Un consommateur est un humain sagement allongé dans un cercueil ouvert.

On lui ajoute roues et écrans.
La raideur cadavérique s'oublie grâce à l'illusion causée par un mouvement aléatoire dans un monde réduit et simulé.

Le paradis n'existant pas, il le singe avec d'autres, s'infligeant l'enfer.

85

Le monde se divise entre ceux qui envisagent leur vie comme un jardin à entretenir, avec plus ou moins de succès, ceux qui se prostituent devant des fétiches, et ceux qui, un peu conscients mais pétrifiés, ne font pas grand-chose.

Il n'existe pas de méthode prête à l'emploi.

On cherche à composer sa vie durant une symphonie personnelle, inspirée de ce qu'on pourra trouver de beau, de bon, et de vrai.

86

La différence entre le moment historique où la religion constitue l'horizon humain unique et celui où l'économie de marché capitaliste assoit sa souveraineté, est que nous avons légalement le droit de modérer notre participation au second.

L'aspect figé de la situation tient largement à la hantise de l'exclusion.

Il est irresponsable de souhaiter l'effondrement de l'économie.

On peut espérer lui guérir suffisamment le cerveau et le cœur, et qu'elle ne passe plus la moitié de son temps à courir et hurler dans la maison, tout à sa conviction d'avoir parfaitement défini ce qui constitue un être humain.

De la théorie à la pratique, il y a l'univers infini.

On peut voyager tout de même.

On peut pleurer.

On peut uriner sur notre propre tombe.

On peut estimer que la coordination raisonnée et équilibrée des moyens financiers et de l'intelligence humaine peut soutenir l'espérance de vie de l'espèce, et colorer son sort.

Praticabilité d'une vie athée

87

L'histoire des religions enseigne que les humains ont besoin d'un récit collectif transcendant.

La vérité serait proche de cette assertion : nous sommes un peu incertains quant à la façon de mener une vie athée, après des millénaires de dogme et de croyance en un ordre des choses défini par une entité divine.

Nous voudrions mener une existence perçue comme convaincante, de notre enfance à notre mort. Nous craignons que cette demande paraisse déplacée, et ne la révélons en général pas, par peur, comme d'habitude.

88

Se demander comment être athée, serait une question analogue à : pourquoi vivre ?
Si on croit en Dieu, la vie a globalement un sens provenant de textes admis comme sacrés.
Si on parvient à les prendre au sérieux et à les respecter, on a éventuellement l'impression d'évoluer au sein d'une entité sociale

et cosmique balisée. On y trouve du sens, on est félicité par le biais d'une entrée au paradis.

Si on ne respecte pas les textes, on prend des risques pour son avenir.

Ce sujet évolue, reflue. La croyance que satan existe a radicalement baissé, par exemple.

L'athée considère qu'après la mort, il ne se passe rien d'autre qu'une décomposition des corps.

La question *pourquoi vivre ?* s'oriente spontanément vers la détermination de ce qui offre parfois l'impression de mener une existence ordonnée, constituée d'un faisceau d'éléments lumineux suffisants pour souhaiter que le jour suivant advienne.

Cela reviendrait à dévoiler les sources de cette lumière, les conditions de sa conservation, de son éventuelle amplification, de sa transmission avant et après notre mort.

En théorie, un humain est chimiquement capable de maintenir en son cerveau une homéostasie suffisante pour contrer les attaques causées par la folie, la misère et le nihilisme. Il paraît que certains y parviennent.

Voilà la lumière.

Elle est individuelle et collective.

Aucune formule magique n'existe.

La lumière ne se laisse pas définir. Elle est ascientifique. Elle est partiellement transmissible, par des personnes que l'on aime ou admire, par la culture qui nous parvient, qu'on décide d'étudier et transmettre. Elle est incertaine et métamorphe.

En prenant le risque de l'évoquer, on frôle la grandiloquence. Il vaut mieux demeurer discret.

89

Le monde religieux cadenassé par un clergé, comme le monde hypermercantile, créent un sentiment violent de dépossession.

Les univers scientifiques, philosophiques, artistiques, s'ils semblent plus accueillants, ont, eux aussi, démontré leur capacité à générer des communautés sectarisantes.

Le ridicule tue, en général lentement.

L'arrachement est délicat.

La vie paraît relever de l'appropriation de soi, tandis qu'on est dans l'incertitude que cette situation existe, soit stable ou suffisante.

90

Il est difficile de ne pas se foutre de tout.

C'est le signe d'un monde qui agresse excessivement les systèmes nerveux, les épuise, et fournit des méthodes de défense insuffisantes.

On en vient à exagérément douter de sa propre sincérité.

91

Il n'y a pas de complot contre la destruction de la sensibilité. Elle a massivement lieu tout de même.

L'idée d'un complot aurait l'avantage d'être simple à appréhender.

Les sociétés complexes ont tendance à concevoir spontanément une infinité de façons de démolir les émotions. C'est l'un de leurs effets collatéraux majeurs.

Tout semble fait, partout, tout le temps, pour éteindre l'énergie vitale.

La sensiblerie, qui est l'opposée de la sensibilité, se nourrit de cet avachissement. Elle le poursuit. Elle est l'insensibilité en plein déni.

Un humain a besoin de se diriger vers un sentiment d'achèvement, bénéficiant un peu au bien commun.

Il faut au moins que cette impression soit pensable.

92

L'athée, en contrepartie de sa liberté croissante, ressent l'inconfort de l'urgence et de l'incertitude.

Certains peuvent dégénérer et se mettre à dire des choses telles que « ne pas se prendre la tête ».

D'autres, plus scandaleux encore, glaneurs de petits plaisirs réguliers, souvent monétisés, traînent des existences d'animaux domestiques.

La sensation de vie immobilisée est le symptôme d'un manque d'ambition, ne serait-ce qu'esthétique.

Un sentiment temporaire d'achèvement pourrait représenter ce qu'on entend à tort par bonheur.

Il suppose concentration, implication, exercice et accouchement.

Et répétition.

Avec quelques variations musicales.

Un humain est une tension et une expérimentation.

Nous sommes les enfants de l'insatisfaction résurrectionnelle.

La mobilité ouvre les hypothèses.

Et décontracte.

Un peu.

93

Le pire n'est pas l'erreur, mais la paralysie. Il faudrait, en action ou pensée, viser une justesse suffisante, et un bruit parasite minimal.

Une sensation indique l'équilibre ou le déséquilibre. Elle est nourrie d'expériences de centaines de générations d'ancêtres.

L'intuition est imprécise, elle doit être complétée intellectuellement et culturellement. Elle a le mérite, inestimable, d'exister.

Être en mesure de sentir qu'on se ment est une qualité stratégiquement critique. Elle peut éviter d'étouffer à la moindre occasion.

94

Dès lors qu'il se manifeste, le sentiment d'irréalité, niveau de conscience assez désagréable, n'est pas entièrement remédiable.

Le monde dont nous avons la charge est une agression plus ou moins mal dissimulée.

On a peut-être l'opportunité d'asseoir sa propre amplitude psychique dans la réalité apparente.

On visera la sensation d'unité des époques pré-religieuses, même si elle est supposée. On essaiera de la bricoler.

C'est tout simplement là. On l'affronte ou on s'évapore.

95

Un monde qui ne croit ni aux dieux ni aux humains, s'hypnotise plus qu'il n'observe. Il est médiocre et triste.

Son énergie se dissipe dans une tentative visant à démentir sa panique permanente.

Il faudrait parvenir à estimer qu'il existe une probabilité non-nulle par laquelle les humains disposent des moyens de construire un avenir plus fréquentable.

Le reste définit un entraînement à la mort. Ou l'inutilité d'être né.

96

La mort ne manque aucune occasion d'écraser chaque corps qui s'en effraie. On voudrait la regarder dans les yeux, mais il s'agit du cas typique de phrases qui ne servent au fond à rien.

L'aplomb magnétique de la mort semble ne rassurer que les suicidaires.

L'éventualité de la vie éternelle est de nature à contrarier tout esprit vaguement sain.

Une position équilibrée paraît hypothétique.

L'une des rares théories intéressantes du transhumanisme est celle consistant à choisir le moment de sa mort. Mais, là encore, c'est un peu n'importe quoi. Comme d'ailleurs la plupart des idées humaines, qui presque toutes, ne font que tomber dans l'oubli.

97

Épicure énonçait que la mort n'est rien car les vivants ne l'expérimentent pas, et les défunts n'en souffrent pas puisqu'ils n'existent plus.

Cela aurait été agréable, mais cette vue paraît artificielle.

Les vivants aiment d'autres vivants qui meurent sous leurs yeux. L'expérience n'est pas douloureuse, mais terrifiante.

Certains n'aiment personne. Ils ne sont généralement aimés de personne. Ils ne souffriront de la mort de personne. Ils mènent une existence misérable qui confine là encore à la terreur.

La magie n'existe pas.

La mort s'anticipe en permanence pour soi-même.

Il faut être dérangé mentalement pour s'en désintéresser.

Vivre sans prévenir la mort serait une forme de suicide.

On n'y survivrait pas plus de quelques jours. Il y a des choses dangereuses que les gens évitent inconsciemment de faire, comme dire ce qu'ils pensent ou piloter un avion sans entraînement.

Épicure considérait probablement les faits qui ne dépendent pas de nous. Il paraît tout de même présomptueux d'oser situer cette frontière dans le cas de la mort.

La conscience de la fin gouverne les humains.

Aucune phrase n'a modifié la succession des émotions par lesquelles passent en moyenne les individus de notre espèce lors du décès de quelqu'un qu'ils aiment.

La maturité peut permettre de s'habituer un peu aux rites du deuil.

98

Le temps passé sur Terre est l'une des rares choses que possède un athée avec certitude.

Vivre comme si on allait mourir demain est intenable, et statistiquement incohérent.

Vivre comme si on allait atteindre l'espérance de vie moyenne est un pari risqué.

Peut-être faut-il faire comme s'il nous restait dix ans.

Cela laisse le temps de concevoir ce dont nous nous sentons l'envie et la capacité, sans hâte ni procrastination.

99

Un humain ne naît pas pour être heureux ou malheureux. La dignité paraît lui importer et représenter un soulagement régulièrement accessible.

Elle nécessite une lucidité et une motivation suffisantes, ainsi que l'opportunité de vivre au sein d'un monde désireux d'assembler une harmonie minimale.

Toute dépression individuelle est partiellement ou intégralement une maladie sociale.

100

La lucidité n'adoucit aucune peine, elle évite d'ajouter des phrases pathétiques qui n'ont pas nécessité d'être.

Elle sait qu'elle est relative. Elle refuse de ralentir quoi que ce soit sous le prétexte d'un réconfort fictif.

Elle perçoit la jungle pour ce qu'elle est.

Elle avance.

C'est une vérité humaine millénaire.

La vie athée est praticable.

Principes d'élaboration

du monde athée

101

« Ma seule ambition a été de voir. »
Balzac

Si l'on développe des symptômes d'allergie de contact, il est préférable de chercher à comprendre l'humanité qu'à l'aimer.

102

Tout individu considérant que l'humanité est une impasse, et qui reste en vie, se condamne à errer tel un passager en situation de fraude.

Il semble raisonnable de penser que ce sont les formes d'organisation où prédominent la rigidité intellectuelle, l'avidité hiérarchique ou financière, et plus généralement une inconséquence officieusement collégiale, qui provoquent des infections sociales.

103

Les tentatives de démonstrations visant à établir que la nature humaine est bonne ou mauvaise gravitent à équidistance de la même étoile d'inintelligence.

La nature humaine orbite autour de la contradiction.

104

Le bonheur paraissant irréaliste, il reste la possibilité d'accroître la superficie de contact face à la souffrance, afin de ne pas être noyé par ses assauts.

On peut gouverner le spectre des difficultés. Ce n'est pas parce qu'on ne peut pas être heureux qu'il faut être malheureux chaotiquement.

L'insensibilité ne paraît pas souhaitable. Ce n'est pas le pire des chemins, s'il ne s'accompagne d'aucune hargne.

L'insensibilité dessine tout de même une vie exagérément pathétique.

105

Un athée devrait œuvrer pour que la possibilité d'une vie athée, et plus généralement libre et ouverte, demeure, dans les limites humaines, accessible aux siècles qui essaient de venir.

106

Les échecs de quelques sociétés organisées autour d'un athéisme obligatoire, communistes pour la plupart, démontrent les déroutes du communisme et du totalitarisme, et non la capacité de l'humanité à vivre dans une civilisation athée, du moins laïque.

Il y a peu de choses plus contre-intuitives qu'un athéisme contraint.

Le culte de l'Être Suprême qu'a essayé d'instaurer Robespierre est l'un des moments les plus absurdes de l'Histoire de France. L'indifférence ou la moquerie qu'il avait alors suscitées laissent penser qu'il ne faut jamais complètement désespérer.

Et que, dans l'absurdité, la perfection est atteignable.

107

La connaissance acquise n'a ni clergé, ni centre de gravité. Elle se dissémine sans violence, le plus souvent modestement, et en éclairant un peu le passage.

108

La laïcité, dans sa capacité à nourrir une organisation sociale agile, est l'un de nos chefs-d'œuvre. Elle a souffert des millénaires avant d'être en mesure de se révéler.

Elle sécularise la liberté de conscience et laisse l'air circuler dans l'espace public. Le monde peut s'entendre sur une manière de respirer ensemble.

109

La science a révolutionné notre compréhension des organismes vivants, submergeant les explications religieuses.

L'Histoire ose murmurer que si dieu existe, il pourrait souffrir de sadisme. S'il n'existe pas, l'Histoire appelle les humains à l'humilité.

L'art essaie de rendre la sensibilité. Il y parvient un peu, parfois.

Le monde découvert par les sciences et les arts est plus ample et souple que celui proposé par la religion.

Il donne à la vie un aspect précis et imminent. Il est ouvert. Il a la beauté du silence.

110

L'explication plausible, partagée par les athées actuellement, est que la vie et ses développements sont le fruit d'un arbre probabiliste qui tend vers l'infini, sans concepteur.

À un moment, cette vie se montre capable d'écrire et d'imprimer des livres, d'élever des fusées hors de la Terre, et d'élaborer les moyens technologiques de sa propre extinction.

Cela devrait orienter vers un tempérament symphonique.

111

Un relatif sentiment de complétude à la fin d'une existence ne peut pas être intégralement égoïste ou altruiste.

112

Le monde libre persiste si suffisamment d'humains au sein d'une société peuvent et veulent juger des choses par eux-mêmes, les exprimer s'ils le souhaitent, écouter les autres.

On peut ergoter sur le fait que la liberté est indéfinissable, mais à la fin, certains systèmes offrent des envergures magistralement supérieures à d'autres.

La tentation de se taire ou de se mentir sont deux formes de suicide.

Toute situation est vécue comme normale si suffisamment de personnes pensent qu'elle l'est.

L'abandon peut se propager au point qu'on finit par ne plus le voir malgré sa dimension écrasante.

L'énergie humaine est contagieuse.

113

Il serait insupportable de voir nos connaissances et compétences anéanties, imaginant nos descendants luttant contre la faim et le froid.

L'humanité ayant été une poudrière sempiternelle depuis qu'elle s'est hissée sur deux jambes, elle s'en sortira peut-être de manière élégante, c'est-à-dire en circonscrivant les origines et implications désastreuses de sentiments haineux profus.

114

L'amplification de toute expression de la beauté, au moins proportionnelle à l'accélération du progrès technologique, est une condition à la survie psychique des êtres humains.

Le message est alors limpide : *le monde vaut la peine que l'on se batte pour lui.*

115

L'Histoire d'Homo sapiens depuis dix mille ans est celle d'une sortie, éventuellement définitive, de sa situation de proie au sein du règne animal.

L'espèce a failli disparaître, au sens propre.

La folie destructrice ressemblerait à une exagération en écho aux deux-cent-quatre-vingt-dix mille années précédentes où le monde a été bestialement terrifiant. Il était mal expliqué et traduit en pensées magiques. La religion monothéiste en constitue une sorte de point de passage.

Il pourrait s'être maintenue une hantise de la soumission par la nature.

Nous lui avons fait payer nos terreurs passées. L'inconscient collectif est censé avoir réparé son sentiment de harcèlement.

Il serait intéressant de cesser de vouloir se venger.

En s'arrachant à la cruauté prédatrice, animale ou humaine, notre espèce prend l'une des responsabilités qui paraît être la sienne, l'émancipation hors de la terreur.

116

La foi religieuse et l'athéisme ont pour point commun, jusqu'à nouvel ordre, leur incapacité à empêcher le saccage de la Terre.

117

Un excès de spéculations annonçant la fin du monde est un symptôme habituel des époques durant lesquelles l'espèce humaine se hait.

Probablement avec quelques bonnes raisons.

Notre monde pourrait être en situation de transitions rapides, provoquant un ensemble de peurs compréhensibles.

L'hypothèse selon laquelle nous détruisons notre civilisation, sinon la planète en tant que lieu propice à la vie, ne peut être rejetée.

En se montrant souple, on pourra estimer qu'une majorité d'humains est cognitivement en mesure d'atteindre un état de conscience minimal, et que leur passage génère, ne serait-ce que d'un pour cent, plus de lumière que d'obscurité.

La question de l'éducation est éternelle.

Un adulte a un peu de responsabilité envers chaque enfant en vie.

118

La mémoire est en partie ce qui rend possible la non-reproduction des catastrophes ayant agrémenté les trois-cent-mille années de notre espèce.

Le développement de l'Histoire, des sciences humaines, de la biologie, de l'archéologie, de centaines de disciplines de recherche et d'enseignement, sont des sources d'informations remarquables nourrissant notre capacité à faire évoluer favorablement notre état psychologique collectif.

La religion encourage la mémoire sous la seule forme de la récitation. Collectivement, elle s'est plutôt montrée apte, peut-être malgré elle, à faire dégénérer des symptômes de névrose.

119

La vérité est une onde. On peut suivre sa trace, jamais l'arrêter. On s'en approche ou on s'en éloigne.

120

L'athéisme semble avoir pour mission la jonction de disciplines permettant d'orchestrer le monde de manière libre, intelligente et pérenne.

Pour le moment, nous avons une trajectoire politique existante mais vacillante, une économie largement abrutie, des discours intéressants étranglés par des vacarmes arrogants, des disciplines de la connaissance qui communiquent mal.

La musique de notre époque aurait pu être un peu moins asociale.

121

Il faut pouvoir croire qu'une lueur existe, et qu'elle dilate l'envergure des vies. Autrement, un humain est un rapetissement précédant un effondrement.

122

La franchise consiste à tolérer celle des autres.

123

L'espérance de vie de l'humanité est immense et incertaine. C'est une superposition quantique. Nous devrions notamment œuvrer pour qu'un jour, nous soyons les Anciens.

124

Tout humain devrait s'arracher, saisir sa place et sa responsabilité dans la réalité, aléatoirement brutale ou banale, occasionnellement belle.

Le sentiment de mourir comme un animal d'abattoir n'est jamais injustifié.

125

L'athéisme allie principe d'incertitude et de loyauté.

On ne sait pas si nos actes serviront à quelque chose, ni à quelque chose de bon.

C'est tout ce que nous avons, une intuition qu'on admet comme authentique, et qui indique une vocation mouvante.

Nous nous y accrochons, jetés dans le vide sidéral, sur une planète qui s'élance à plus de cent mille kilomètres par heure autour de son astre.

126

De quel droit se sentirait-on résigné ?

127

« On peut tout fuir, sauf sa conscience. »
Stefan Zweig

Conscience, enfant sauvage
Cheminant, donnant la main
À un vieux, qui s'en va, sage
Sous l'irritable soleil humain

Bon courage
Inquiétant primate
Bon voyage
Incertain acrobate

Bienvenue
Merci, peut-être
Au revoir adieu

COMMENT ÊTRE ATHÉE

Table des matières

À PROPOS DE L'AUTEUR

Julien Lezare est un écrivain français né à Strasbourg en 1984.

Il a intégré le comité de lecture de la Revue Saint-Ambroise en 2017. Il a fondé la revue Hymne en 2023.

*

julienlezare.com
hymne.eu

DU MÊME AUTEUR

Vingt-Quatre Sept, roman, 2016

Bienvenue dans un monde que personne ne comprend.

Vingt-Quatre Sept, roman expérimental, dont un extrait a été publié par Philippe Sollers dans la revue *L'Infini,* explore nos existences précipitées.

La rage pour rien, roman, 2023

Septembre 2017, des attentats nationalistes s'imaginant venger les morts des attentats islamistes secouent la France.

David Kepler, jardinier, se retrouve au centre de l'attention. *La rage pour rien* est un roman qui s'intéresse à l'explosion extrémiste et d'un autre côté, au refus, ou à la tentative de refus, de laisser un monde pénible nous submerger.